煮込み料理を
ご飯にかけて

作りおきして安心。ひと皿で大満足。

坂田阿希子

文化出版局

目次

◎計量単位は、1カップ＝200ml、大さじ1＝15ml、
　小さじ1＝5ml、1合＝180mlです。
◎ガスコンロの火加減は、特にことわりのない場合は中火です。

4　炊きたてご飯に煮込み料理をかければ それだけで、おいしいごちそう
5　煮込み料理＆ご飯をおいしくする4つのポイント

[鶏肉]で

6　コック・オー・ヴァン
8　チキンのクリーム煮
10　チキンのバスク風煮込み
12　チキンのオリーブ煮込み
14　チキンのマデイラ煮込み
16　チキンのプルーン煮込み
18　チキンカレー
20　鶏肉のオニオンフリカッセ
21　アドボ

[牛肉]で

22　ハヤシライス
24　ミロトン
26　ビーフシチュー
28　ビーフカレー
30　ボルシチ
32　ビーフストロガノフ
33　ハンガリアングーラッシュ
34　牛すじ肉の煮込みポトフー風
35　牛すね肉と大根の煮込み

[豚肉]で

36　豚肉のトマト煮
38　豚肉とキャベツのクリーム煮
40　ポルトガル風豚肉とあさりの煮込み

82

サイドメニューにおすすめのサラダ
ルッコラとオレンジのサラダ
マッシュルームのサラダ
きゅうりのヨーグルトサラダ
ミモザサラダ
春菊とくるみのサラダ
コールスローサラダ
トマトサラダ
カリフラワーのピクルス

86

この本で使ったご飯いろいろ
パセリライス
レーズンナッツライス
トマトライス
にんじんライス
サフランライス
バターライス
オリーブライス
ココナッツライス
ターメリックライス
クスクス

スペアリブとじゃがいもの煮込み　42
豚肉のレモンバター煮　44
豚肉のりんご巻き カレー煮込み　45
プチサレ（塩豚）とレンズ豆の煮込み　46
豚肉と干しあんずのシチュー　48
ポークカレー 我が家風　50
ルーローファン　52
スペアリブの豆豉煮　54
スペアリブとキャベツの韓国風煮込み　55
豚肉とキャベツととうがんのスープ煮　56

［ラム肉］で
ラムとトマトの軽い煮込み　58・59
ラムのタジン風煮込み　60・61

［ひき肉］で
トマトファルシの煮込み　62
煮込みハンバーグ　63・65
ミートボールシチュー　63・65
キーマカレー　64
ドライカレー　66
ひき肉のベトナム風トマト煮　67・69

［ソーセージ］で
ソーセージと豆の煮込み　70・72
ソーセージと野菜のスープ煮　71・73
野菜とソーセージのクスクス　71・73

［魚介］で
シーフードカレー　74・76
白身魚と野菜のサフランクリーム煮　75・77
さばとじゃがいものレモン煮　78・80
いかのサフラントマト煮　79・81
たことセロリのラグー　79・81

炊きたてご飯に煮込み料理をかければ
それだけで、おいしいごちそう

イベントの仕込みや撮影や料理教室の準備など、仕事のときのうちのまかないは大抵が煮込み料理。「煮込み」はとってもシンプルな調理法。鍋をコンロにかけてほうっておくだけで、おいしいごちそうになるからです。

スタッフの人数がはっきりわからなくても大丈夫。いざ、みんなで食事をスタートするときに、さっと温め直せばいいだけなので、手間も気持ちもラク。ゆっくりと煮込んだ料理は、なんともいえないおいしさに仕上がって、予想以上にみんなが喜んでくれます。この本で紹介する「ミロトン」や「ポークカレー 我が家風」などは、我が家の定番まかない料理としてもう何年も繰り返し作っているメニュー。リクエストされることも多い人気レシピです。

そんなとき必ず用意するのがご飯。煮込み料理と一緒に炊きたてご飯をテーブルに出し、めいめいが好きな分だけお皿に盛っていただきます。ポイントは、パンではなく、ご飯が一緒ということ。煮込み料理はおいしい煮汁もごちそうの主役。それをお米粒にからめながら食べるのが、私のおすすめです。

この煮込み料理とご飯の組合せは、おもてなしにも、ひとりのご飯でもOK。家族一緒に食卓を囲めないときだって、キッチンにこの二つの鍋が用意されているだけで、みんなの心が和みます。

そして、ぜひご飯と一緒にひと鍋煮込んでみませんか。この温かなおいしさは、煮込み料理でしか味わえないと思っています。皆さんも、ゆっくりとひと鍋煮込んでみませんか。

坂田阿希子

煮込み料理＆ご飯をおいしくする4つのポイント

1 ご飯にかけて食べるから、味つけはしっかりと

単に濃い味にするということではなく、しっかりとした味つけをするということが大事。ある程度しっかりとした味に仕上げるとご飯にとてもよく合うので、煮込み料理が「おかず」として成立します。ポイントは塩気。といっても、うまみがないと塩味を利かせてもしょっぱいだけ。「煮込む」といえる工程でうまみが生まれる煮込み料理だからこそ、塩味もしっかりとつける、これがおいしさの基本です。

2 多めの量で作ると、うまみたっぷりに仕上がります

煮込み料理はたくさん作ったほうがおいしいといわれますが、それは長く煮込むから。たとえば200gの肉を煮込むより500gの肉を煮込むほうが長く煮込むことになり、長く煮込むということは、その分うまみが出るということなんです。この本ではさっと煮込む料理も紹介していますが、ほとんどのものが「煮込む時間がおいしさを作る」と考えてよいでしょう。何度か温め直しても、少しずつ味が深まっていいものです。

3 肉と野菜、この二つのうまみがおいしさを作ります

この本のレシピは、炒めた野菜と焼いた肉を合わせて煮込むものが多いのですが、それは、炒めたり焼いたりすることで素材のうまみをギュッと凝縮させることができるから。また、肉と野菜、この二つのうまみを組み合わせることが、スープをおいしく仕上げるポイントだからです。肉を食べたいだけならステーキでもいい。そこに野菜のうまみが加わってこそ、煮込み料理ならではのおいしさが味わえます。

4 ご飯との組合せで、おいしさが広がります

この本で紹介する煮込み料理は、どれも白いご飯に合うレシピになっていますが、ときにはご飯にバターをからめたり、スパイスなどで香りや色をつけたり……とアレンジして、煮込み料理との組合せを味わうのも楽しいものです。ご飯の味を変えるだけで、また違ったおいしさが発見できます。煮込み料理の具と汁をご飯の一粒一粒にからめて食べることで、絶妙な味のバランスを口の中で楽しむことができます。

[鶏肉]で コック・オー・ヴァン

a

b

c

材料・2〜3人分
- 鶏もも肉（骨つき）　2〜3本
- 小麦粉　適量
- マッシュルーム　6個
- ベーコン（かたまり）　80g
- 玉ねぎ　1個
- にんにく　1かけ
- オリーブオイル　適量
- バター　20g
- 白ワイン　2カップ
- 鶏ガラスープの素　小さじ1/3
- タイム　2本
- ローリエ　1枚
- 塩、こしょう　各適量
- レモンの皮（ごく細切り）　少々

1　鶏肉は関節部分で二つに切り分け、塩、こしょうを多めにふり、小麦粉をまぶす。マッシュルームは石づきを取って1cm厚さに切る。ベーコンは1cm幅に切る。玉ねぎは薄切りにし、にんにくはつぶす。

2　フライパンにオリーブオイル大さじ2を熱して1の鶏肉を入れ、両面焼き色がつくまで焼き（a）、取り出す。フライパンをさっと拭いてオリーブオイル少々を足し、マッシュルームとベーコンを炒める。

3　鍋にバターを熱して玉ねぎとにんにくを炒め、玉ねぎがしんなりしたら白ワインを入れて、半量程度になるまで強火で煮つめる。水1カップ、鶏ガラスープの素、タイム、ローリエを加え、2の鶏肉を入れ（b）、ふたをして弱火で30〜40分煮る。

4　2のマッシュルームとベーコンを加え（c）、さらに10分ほど煮る。塩、こしょうで味を調える。

5　器にパセリライス（分量外。p.86参照）を盛り、4をかけ、レモンの皮を散らす。

鶏肉をワインで煮込んだ、フランスの家庭料理。
赤ワインを使うのがポピュラーですが
ここでは白ワインを使ってあっさりとやさしい味に仕上げます。
鶏肉は骨つきを使うと、うまみたっぷりに。

[鶏肉]で

チキンのクリーム煮

材料・3～4人分

鶏もも肉、胸肉　合わせて500g
塩、こしょう　各適量
玉ねぎ　½個
マッシュルーム　5個
生しいたけ　2～3枚
ベーコン（かたまり）　100g
カリフラワー　¼個
小麦粉　適量
バター　40g
サラダ油　大さじ1
白ワイン　½カップ
鶏ガラスープの素　小さじ⅓
生クリーム　½カップ
ブール・マニエ＊　大さじ1～2

＊洋食で、とろみをつけるために用いるもの。バターと小麦粉を同量ずつ用意。バターを熱し、ふるった小麦粉を加えて炒め合わせる。まとめて作ってラップに包み、冷蔵すると2～3週間もつ。

1 鶏肉は大きめのひと口大に切り、塩、こしょうをふって1時間おく（a）。玉ねぎは1cm角に切る。マッシュルームは石づきを取って1cm厚さに切り、しいたけは石づきを取って四つ割りにする。ベーコンは1cm角に切り、カリフラワーは小房に分ける。

2 1の鶏肉の水気を拭き、小麦粉を薄くまぶす。鍋にバター20gを熱し、鶏肉を並べ入れ、軽く色づく程度に焼いて取り出す。

3 2の鍋をさっと拭いてサラダ油を足し、玉ねぎを炒め、透明感が出たら鶏肉を戻し入れる。白ワインを加え、鍋の焦げつきをこそげ落としながら強火で煮つめる。水1カップと鶏ガラスープの素を加えてふたをし、弱火で20～25分煮る。

4 フライパンにバター20gを熱し、マッシュルーム、しいたけ、ベーコン、カリフラワーを入れてさっと炒め、3の鍋に加える。

5 4に生クリームを加えて煮立て、ブール・マニエを少しずつ加えて軽くとろみをつける（b）。

6 器にサフランライス（分量外。p.86参照）を盛り、5をかける。

a

b

鶏肉、カリフラワー、きのこの取合せが絶妙。
鶏肉は塩とこしょうをふって余分な水分を抜いてから使うと、うまみがギュッと凝縮。
生クリームは乳脂肪分の高いものを使うと、風味とコクが出ます。

ピーマン、トマト、にんにく、
赤とうがらしが原料のカイエンペッパーと
パプリカパウダーを使い、オレンジ色に仕上げるのが特徴。
ピーマンの代りに、オレンジや黄のパプリカを使っても。
ご飯のほか、パスタにからめてもおいしい！

[鶏肉]で

チキンのバスク風煮込み

材料・2〜3人分

鶏もも肉　2枚
玉ねぎ　1個
にんにく　2かけ
ピーマン　4個
赤ピーマン　2個
トマト水煮缶　½缶
オリーブオイル　大さじ2
カイエンペッパー　少々
パプリカパウダー　小さじ½
白ワイン　½カップ
鶏ガラスープの素　小さじ¼
塩、こしょう　各適量

1 鶏肉は大きめのひと口大に切り、塩小さじ1をふって軽くもむ。玉ねぎは薄切りにし、にんにくはみじん切りにする。ピーマンと赤ピーマンは種を取って細切りにする。トマト水煮はざるでこす（**a**）。

2 鍋にオリーブオイルを熱して鶏肉を入れ、両面しっかりと焼いて取り出す。

3 2の鍋に玉ねぎ、にんにくを入れて炒め、玉ねぎがしんなりしたらピーマンと赤ピーマンを加え（**b**）、カイエンペッパー、パプリカパウダーを加えて炒め合わせる。

4 白ワイン、水½カップ、鶏ガラスープの素を加え、2の鶏肉を戻し入れ、トマト水煮を加える。ふたをして弱火で10〜15分煮、塩、こしょうで味を調える。

5 器にパセリライス（分量外。p.86参照）を盛り、4をかける。

a

b

[鶏肉]で

チキンのオリーブ煮込み

材料・3〜4人分
鶏もも肉、胸肉　合わせて600g
小麦粉　適量
アンチョビー　10g
黒オリーブ(種抜き)　80g
グリーンオリーブ(種抜き)　80g
にんにく　2かけ
玉ねぎ　1個
オリーブオイル　大さじ4
白ワイン　½カップ
鶏ガラスープの素　小さじ⅔
塩、こしょう　各適量

1　鶏肉は塩、こしょうを軽くふり、小麦粉をまぶす。アンチョビーはみじん切りにする。オリーブは包丁の腹でつぶして粗く刻む(**a**)。にんにくはつぶし、玉ねぎは1cm角に切る。

2　フライパンにオリーブオイル大さじ2を熱し、1の鶏肉を入れて焼き色がつくまでしっかりと焼く(**b**)。鶏肉は取り出し、白ワインを加え、フライパンの焦げつきをこそげ落としながら強火で煮つめる。

3　鍋にオリーブオイル大さじ2を熱し、にんにくと玉ねぎを入れて甘みが出るくらいまで炒め、2の鶏肉と煮つめた白ワインを加える。水2カップ、鶏ガラスープの素、アンチョビー、オリーブを加え(**c**)、ふたをして弱火で40〜50分煮る。塩、こしょうで味を調える。

4　器にご飯(分量外)を盛ってこしょうをふり、3をかける。

a

b

c

ルッコラとオレンジのサラダ
→ 作り方はp.84

オリーブは、フレッシュ感のあるグリーンオリーブと芳醇な味の黒オリーブの両方を使うのがポイント。鶏肉とオリーブを煮込んだシンプルな料理ですが、存在感があるのが魅力。おもてなしにも。

[鶏肉]で

チキンのマデイラ煮込み

1. 鶏肉は関節部分で二つに切り分け、塩、こしょうを軽くふり、バットに入れて赤ワインを注ぎ入れ、冷蔵庫でひと晩マリネする（a）。
2. ハムは食べやすい大きさに切る。玉ねぎ、にんじん、セロリは5〜6mm角に切る。マッシュルームは石づきを取って薄切りにする。
3. 1の汁気を拭き取り、小麦粉を薄くまぶす。フライパンにオリーブオイル大さじ1を熱して鶏肉の皮目を下にして入れ、強火で焼きつける。漬け汁はとっておく。
4. 鍋にオリーブオイル大さじ1を熱して玉ねぎ、にんじん、セロリを炒め、3の漬け汁を加えて半量程度になるまで強火で煮つめる。フォン・ド・ボー、マデイラ酒を加え（b）、さらに10分ほど煮つめる。3の鶏肉とハムを加え（c）、ふたをして弱火で30〜40分煮る。
5. マッシュルームをバター10gを熱したフライパンで炒め、4に加える。バター20gを小さく切って少しずつ加えてとろみをつけ、とろみが足りない場合はさらにブール・マニエを加えてとろみをつける。
6. 器にパセリライス（分量外。p.86参照）を盛り、5をかける。

a

b

c

材料・作りやすい分量

鶏もも肉（骨つき）　4本
塩、こしょう　各適量
赤ワイン　1カップ
ハム（ボンレスハムやロースハムの切落し）　100g
玉ねぎ　½個
にんじん　¼本
セロリ　⅓本
マッシュルーム　6個
小麦粉　適量
オリーブオイル　大さじ2
フォン・ド・ボー（缶詰）　1カップ
マデイラ酒＊　1カップ
バター　30g
ブール・マニエ＊＊　大さじ1〜2

＊ポルトガル領マデイラ島で造られる甘めのワイン。
＊＊洋食で、とろみをつけるために用いるもの。バターと小麦粉を同量ずつ用意。バターを熱し、ふるった小麦粉を加えて炒め合わせる。保存についてはp.8参照。

鶏肉を赤ワインでマリネし、その赤ワインとマデイラ酒、
フォン・ド・ボーで煮込みます。
鶏肉はやわらかジューシーで、こっくりとした味わい。
ハムを加えてうまみと香りをプラスするのもポイントです。

スパイシーな香りとドライフルーツのやさしい甘さが特徴の
ちょっぴりエキゾティックな味わいの一品。
味に深みとコクが出るのは、プルーンのおかげ。
スパイスは香りが出るまでよく炒めるのがポイントです。

[鶏肉]で

チキンのプルーン煮込み

a

b

材料・3〜4人分

鶏もも肉、胸肉　合わせて500g
玉ねぎ　1個
しょうが　1かけ
バター　40g
シナモンパウダー　小さじ1
シナモンスティック　1本
カイエンペッパー　小さじ1/4
ターメリック　小さじ1/3
カレー粉　小さじ1/2
ドライプルーン（種抜き）　250g
生クリーム　1/4カップ
塩　適量

1 鶏肉は大きめのひと口大に切り、塩を軽くすり込む。玉ねぎとしょうがはみじん切りにする。

2 鍋に半量のバターを熱して鶏肉を入れ、両面焼きつけて取り出す。

3 2の鍋に残りのバターを足して玉ねぎ、しょうがをじっくりと炒め、シナモンパウダー、シナモンスティック、カイエンペッパー、ターメリック、カレー粉、塩小さじ1/2を加え（a）、よく炒めて香りを出す。

4 3に鶏肉を戻し入れ、水2カップとプルーンを加え（b）、沸騰したら弱火にし、ふたをして20分ほど煮込む。ふたを取って、火を少し強めて10分ほど煮つめる。生クリームを加えてひと煮立ちさせ、塩で味を調える。

5 器にサフランライス（分量外。p.86参照）を盛り、4をかける。

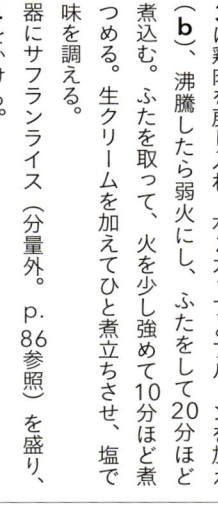

［鶏肉］で チキンカレー

a

b

c

材料・作りやすい分量
鶏ぶつ切り肉（骨つき）　600g
玉ねぎ　2½個
しょうが　大1かけ
にんにく　2かけ
トマト　2個
バター　40g
クミンシード　大さじ1
■ パウダースパイス
｜カレー粉　大さじ2
｜ガラムマサラ　大さじ1
｜ターメリック　小さじ1
｜カルダモンパウダー　小さじ1
｜コリアンダーパウダー　小さじ1
｜カイエンペッパー　小さじ⅓
赤とうがらし　2本
小麦粉　大さじ2〜3
鶏ガラスープの素　小さじ1
サラダ油　適量
塩　適量
プレーンヨーグルト　大さじ3

1　鶏肉は塩小さじ1をまぶして30分ほどおく。玉ねぎは薄切りにし、しょうが、にんにくはみじん切りにする。トマトは皮を湯むきし、種を取ってざく切りにする。

2　鍋にバターを熱してクミンシードを炒め、香りが出たら玉ねぎ、しょうが、にんにくを加え、濃い茶色になるまで強めの中火で20〜30分炒める（a）。

3　パウダースパイスと赤とうがらしを加えて香りを出し、小麦粉を加えてさらに炒め、トマトを加えてつぶすようにして炒める（b）。水3カップ、鶏ガラスープの素を加えてひと煮し、火を止める。

4　フライパンにサラダ油を熱し、1の鶏肉の水気を拭いて入れ、表面をこんがりと焼きつける。3の鍋に加え（c）、ふたをして弱火で30〜40分煮る。塩で味を調え、ヨーグルトを加える。

5　器にレーズンナッツライス（分量外。p.86参照）を盛り、4をかけ、香菜（分量外）を添える。

まずはスパイスを利かせた自家製カレールウを仕上げ、
そこに、こんがりと焼いた鶏肉を加えてコトコト煮込んで完成。
スパイスは、すべて入れなくても大丈夫。
好みのものを何種類か組み合わせて使ってください。

きゅうりのヨーグルトサラダ
→作り方はp.84

［鶏肉］で
鶏肉のオニオンフリカッセ

オニオンフリカッセは、たっぷりの玉ねぎを使って仕上げるソース煮。
あめ色になるまで炒めた玉ねぎの甘みとうまみ、
白ワインビネガーのほのかな酸味が食欲を刺激します。

材料・2～3人分

鶏もも肉　2枚
玉ねぎ　2個
マッシュルーム　6個
オリーブオイル　適量
バター　30g
白ワインビネガー　大さじ3
黒オリーブ　12～13個
塩、こしょう　各適量

1. 鶏肉は大きめのひと口大に切り、塩、こしょう各少々をふる。玉ねぎは薄切りにし、マッシュルームは石づきを取って1cm厚さに切る。

2. 鍋にオリーブオイル大さじ1を熱して鶏肉を入れ、しっかりと焼きつけて取り出す。鍋をさっと拭いてオリーブオイル少々を足し、マッシュルームを入れて炒め、取り出す。

3. 2の鍋にバターを熱し、玉ねぎを入れて茶色くなるまで炒め、白ワインビネガーを加え（写真）、鍋の焦げつきをこそげながら強火で煮つめ、水1/2カップを加える。

4. 鶏肉とマッシュルームを戻し入れ、黒オリーブを加え、ふたをして弱火で10分ほど煮る。塩小さじ1、こしょう少々で味を調える。

5. 器にご飯（分量外）を盛り、4をかける。

アドボ

フィリピンの代表的な家庭料理。
味つけはしょうゆがベース、酢を使うから鶏肉がとってもやわらか。
ゆで卵を一緒に煮て、フレッシュトマトも添えていただきます。

材料・作りやすい分量

- 鶏手羽元　10～12本
- 玉ねぎ　½個
- にんにく　2かけ
- サラダ油　大さじ2
- 酢　½カップ
- ローリエ　1枚
- 酒　大さじ2
- 砂糖　大さじ2
- しょうゆ　大さじ4
- ゆで卵　2～3個
- トマト（くし形切り）　適量

1. 玉ねぎとにんにくはみじん切りにする。
2. 鍋にサラダ油を熱して玉ねぎとにんにくを炒め、玉ねぎがしんなりしたら鶏肉を加えて炒め合わせる。水½カップ、酢、ローリエを加え（写真）、オーブンペーパーで落しぶたをして弱火で10分ほど煮る。
3. 酒、砂糖、しょうゆを加え、さらにふたをし、再びオーブンペーパーで落しぶたをし、弱火で10分ほど煮る。
4. ゆで卵を加え、火を強めて少し煮つめ、照りよく仕上げる。
5. 器にご飯（分量外）を盛り、**4**をかけ、ゆで卵は半分に切って盛る。トマトを添える。

「牛肉」で ハヤシライス

a

b

c

材料・3〜4人分

牛切落し肉　300g
玉ねぎ　2個
マッシュルーム　6個
■ブラウンルウ
　小麦粉　80g
　バター　60g
バター　20g
赤ワイン　1カップ
顆粒スープの素（ビーフ）　小さじ1
トマトケチャップ　大さじ4
ウスターソース　大さじ3
塩　適量
砂糖　小さじ1
グリーンピース（ゆでる）　100g

1　ブラウンルウを作る。油をひかないフライパンに小麦粉を入れ、弱火でじっくりといり、薄く色づいてきたらバターを加え、褐色になるまでさらに20〜30分いる（**a**）。

2　牛肉は食べやすい大きさに切る。玉ねぎ1個は薄切りにし、残り1個はくし形に切る。マッシュルームは石づきを取って5mm厚さに切る。

3　鍋にバター10gを熱して玉ねぎの薄切りを炒め、色づいてきたら赤ワインを加え、半量程度になるまで強火で煮つめる。

4　3にブラウンルウ、水2カップ、顆粒スープの素を入れ、トマトケチャップ、ウスターソースを加え（**b**）、ふたをして弱火で20分ほど煮る。

5　フライパンにバター10gを熱し、牛肉、玉ねぎのくし形切り、マッシュルームを入れて強火で炒め、軽く塩をふり、4の鍋に加える（**c**）。弱火でさらに20分ほど煮、塩小さじ2/3、砂糖で味を調える。グリーンピースを加えてさっと煮る。

6　器にご飯（分量外）を盛り、5をかける。

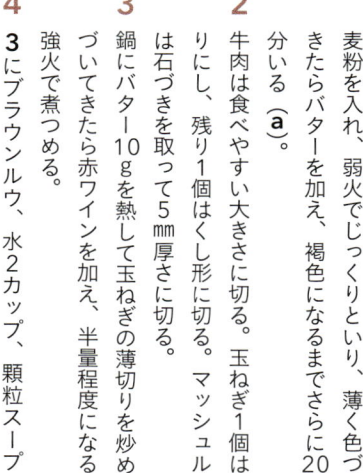

ミモザサラダ
→作り方はp.84

自家製ブラウンルウと玉ねぎ、赤ワインをベースに、
トマトケチャップとウスターソースで仕上げたハヤシソースがおいしさの決め手。
こっくりとした味わいが魅力。おかわり間違いなしです。

[牛肉]で

ミロトン

a

b

c

1 牛肉は食べやすい大きさに切り、玉ねぎは薄切りにする。トマトは皮を湯むきして種を取り、ざく切りにする。

2 鍋にバター20gを熱して玉ねぎを入れ、濃い茶色になるまで弱めの中火で30〜40分じっくりと炒める。

3 フライパンにバター10gを熱し、牛肉を入れて強火で炒め（a）、軽く塩をする。

4 3を2の鍋に移して白ワインビネガーを加え（b）、トマト、水1カップを加える。水分が少なくなるまで、ふたをして弱火で1時間ほど煮る。

5 ピクルスを斜め薄切りにして加え（c）、塩、こしょうで味を調える。

6 器ににんじんライス（分量外。p.86参照）を盛り、5をかける。

材料・3〜4人分
牛薄切り肉　300g
玉ねぎ　1½個
トマト　大1個
バター　30g
白ワインビネガー　大さじ1½
小さいきゅうりのピクルス
　（コルニッション）6本
塩　適量
こしょう　少々

ハヤシライスの原型ともいわれている、フランスの家庭料理。
白ワインビネガーとピクルスを加えて、ほんのり酸味を利かせて仕上げるのが特徴です。
ここでは薄切り肉を使いましたが、切落し肉でも充分。
ご飯は、にんじんライスと取り合わせるのが私流です。

肉と野菜を煮たらいったんこし、野菜のエキスを残しつつ
なめらかに仕上げるのがポイント。
ちょっと手が込んでいますが、おいしさは最上級。
作った日はもちろん、翌日にいただくのもおすすめです。

ビーフシチュー

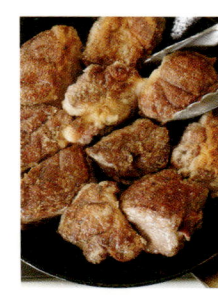

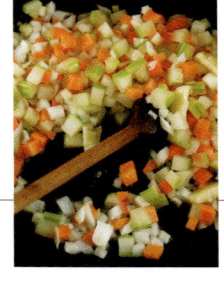

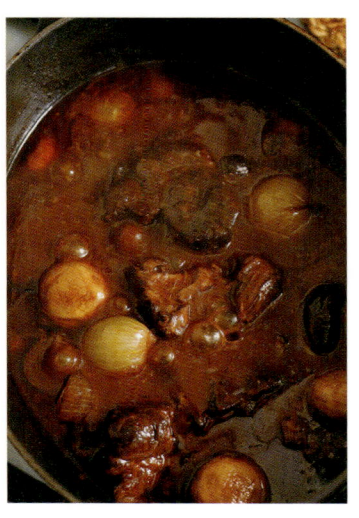

材料・作りやすい分量
牛すね肉（かたまり）　1kg
小麦粉　適量
にんじん　½本
セロリ　½本
玉ねぎ　½個
にんにく　2かけ
サラダ油　大さじ1
バター　30g
赤ワイン　500mℓ
トマトピューレー　1カップ
トマトケチャップ　大さじ1
フォン・ド・ボー（缶詰）　2カップ
ブーケ・ガルニ＊　1束
小玉ねぎ　10個
マッシュルーム（石づきを取る）　10個
塩、こしょう　各適量
＊パセリの軸、セロリの葉つきの茎、ローリエを束にして、ひもで結んだもの。

1 牛肉は5〜6cm角に切り、塩、こしょうをしっかりめにふり、小麦粉をまぶす。にんじん、セロリ、玉ねぎは1cm角に切り、にんにくはつぶす。

2 フライパンにサラダ油を熱して牛肉を入れ、強火でしっかりと焼きつけ（**a**）、鍋に移す。フライパンにバター10gを足してにんじん、セロリ、玉ねぎ、にんにくを入れ、フライパンの焦げつきをこそげながら炒め（**b**）、鍋に移す。

3 **2**の鍋に赤ワインを加え、半量くらいになるまで強火で煮つめ、トマトピューレー、トマトケチャップ、フォン・ド・ボー、水1カップ、ブーケ・ガルニを加え、ふたをして弱火で2時間〜2時間30分煮込む。アクが出たらこまめに取り除く。

4 肉はいったん取り出し、ソースは万能こし器などでこす。野菜をギュウギュウと押しつけて野菜のエキスを出す（**c**）。こしたソースと牛肉を鍋に戻す。

5 フライパンにバター20gを熱して小玉ねぎとマッシュルームを炒め、**4**の鍋に加え、小玉ねぎがやわらかくなるまで弱火で20〜30分煮る。塩、こしょうで味を調える。

6 器にご飯（分量外）を盛り、**5**をかける。

a

b

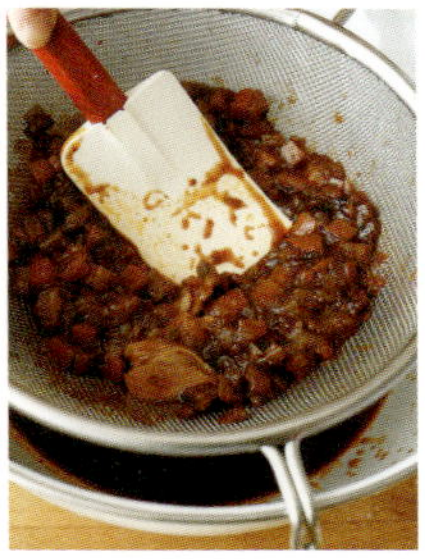
c

トマトサラダ
→ 作り方はp.85

ラードでじっくりと炒めた玉ねぎの甘みとうまみ、
すりおろしたにんじんとりんご、フルーティなトマトがまろやかさの秘密。
コトコトと煮込む時間がおいしさを作ります。

[牛肉]で

ビーフカレー

a

b

c

材料・作りやすい分量
牛バラ肉(かたまり)　700g
にんにく　2かけ
しょうが　2かけ
玉ねぎ　2個
りんご　1個
にんじん　1本
トマト　1個
ラード　80g
小麦粉　40g
カレー粉　大さじ4
顆粒スープの素(ビーフ)
　小さじ1½
サラダ油　適量
塩、こしょう　各適量
マッシュルーム　6〜7個
バター　大さじ1

1　牛バラ肉は約4cm角に切る。にんにくとしょうがはみじん切りにし、玉ねぎは薄切りにする。りんごとにんじんはすりおろす。トマトは皮を湯むきして種を取り、乱切りにする。

2　鍋にラードをとかし、にんにく、しょうがを揚げるようにして炒め(**a**)、香りが出たら玉ねぎを加え、濃い茶色になるまで弱めの中火で30〜40分じっくりと炒める。

3　2に小麦粉とカレー粉を加えて香りが立つまでさらに炒め(**b**)、水4カップ、顆粒スープの素、りんご、にんじん、トマトを加えて弱火で20分ほど煮る。

4　フライパンにサラダ油を熱して牛肉を入れ、しっかりと焼き色をつけ、3に加える。フライパンに水¼カップを入れて焦げつきをこそげ落とし(**c**)、3に加える。ふたをして弱火で2時間ほど煮込み、塩、こしょうで味を調える。

5　マッシュルームは石づきを取って5mm厚さに切り、バターを熱したフライパンでさっと炒め、4に加える。

6　器にご飯(分量外)を盛り、5をかけ、きゅうりのピクルス(分量外)を添える。

[牛肉]で

ボルシチ

材料・作りやすい分量
牛すね肉(かたまり)　500g
ビーツ　小2個
にんじん　½本
キャベツ　3枚
玉ねぎ　½個
セロリ　½本
トマト　1個
にんにく　1かけ
バター　30g
塩　小さじ1
こしょう　少々
サワークリーム　適量

1　鍋に牛肉と水6カップを入れて強火にかけ、沸騰してアクが出てきたら取り除き、牛肉がやわらかくなるまで弱火で1時間ほど煮る(**a**)。途中水が少なくなったら足す。粗熱が取れたら牛肉は手で粗くほぐし、スープはとっておく。

2　ビーツは皮をむいて太めのせん切りにする。にんじんとキャベツも太めのせん切りにする。玉ねぎは薄切りにし、セロリは斜め薄切りにする。トマトはざく切りにする。にんにくはみじん切りにする。

3　鍋にバターを熱してにんにくを炒め、にんじん、キャベツ、玉ねぎ、セロリを加えて炒める。全体にしんなりとしたらビーツとトマトを加え(**b**)、炒め合わせ、ビーツの色が全体になじんだら、ふたをして弱火で10分ほど蒸し煮にする。

4　**3**に**1**のスープ5〜6カップを注ぎ入れ、静かに沸騰する程度の弱火で30分ほど煮る。

5　**1**の牛肉を**4**に加え(**c**)、さらに10分ほど煮、塩、こしょうで味を調える。

6　器に**5**のボルシチを盛り、サワークリームをのせ、ディル(分量外)を添える。別器にご飯(分量外)を盛り、ボルシチをかけながらいただく。

a

b

c

ビーツの赤紫色が目にも鮮やかな、口当りのよい一品。
牛肉のうまみが溶け出たスープはあっさりとしていながらも奥行きのある味わい。
サワークリームを添えていただくのが定番です。

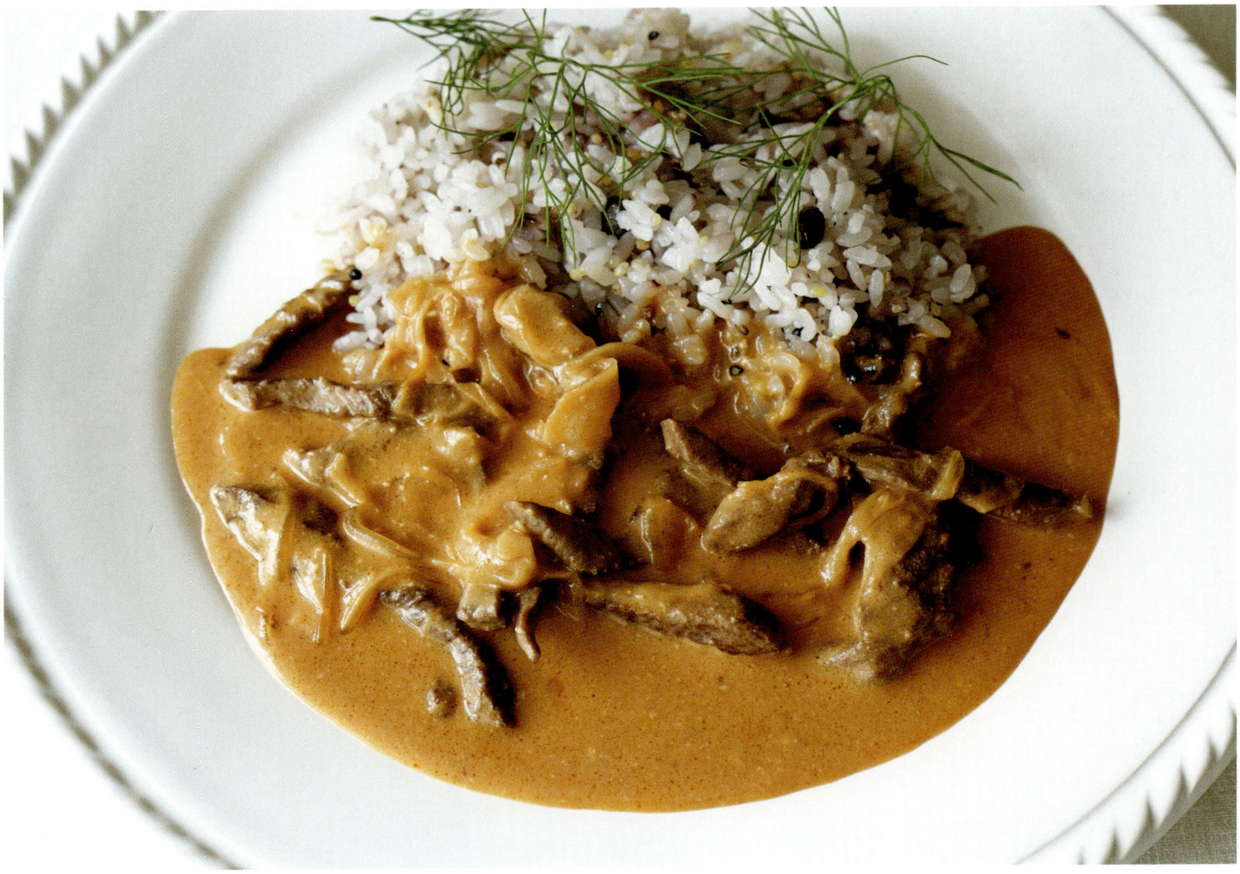

［牛肉］で ビーフストロガノフ

白ワインとフォン・ド・ボー、
生クリームとヨーグルトを贅沢に使い、
上品かつ深みとコクのある味に仕上げます。

材料・3〜4人分

牛もも肉
（1cm厚さのバター焼き用） 300g
玉ねぎ 1個
サラダ油 小さじ2
バター 大さじ2
トマトペースト 大さじ2
白ワイン ½カップ
フォン・ド・ボー（缶詰） 1½カップ
生クリーム ½カップ
プレーンヨーグルト ½カップ
塩、こしょう 各適量
ブール・マニエ＊ 大さじ2〜3

＊洋食で、とろみをつけるために用いるもの。バターと小麦粉を同量ずつ用意。バターを熱し、ふるった小麦粉を加えて炒め合わせる。保存についてはp.8参照。

1 牛肉は5〜6mm幅の棒状に切る。玉ねぎは薄切りにする。

2 フライパンにサラダ油を熱して牛肉を強火でさっと炒め、色が変わったら塩、こしょうを軽くふって取り出す。

3 2のフライパンにバターを足してトマトペーストを加えてさらに炒める。白ワインを加えて半量くらいになるまで強火で煮つめ、フォン・ド・ボーを加えてさらに煮つめる。

4 3に牛肉を戻し入れ、生クリームとヨーグルトを混ぜ合わせて加え（写真）、塩、こしょうで味を調える。ブール・マニエを少しずつ加えて軽くとろみをつける。

5 器に雑穀入りご飯（分量外）を盛り、4をかけ、ディル（分量外）を添える。

ハンガリアングーラッシュ

パプリカパウダーとキャラウェーシードを入れるのが特徴。
牛肉を赤ワインでマリネしてから煮込むのがポイントです。

材料・作りやすい分量

牛すね肉（かたまり）　700g
赤ワイン　2カップ
にんにく　2かけ
玉ねぎ　2個
トマト　2個
バター　40g
キャラウェーシード　大さじ1
小麦粉　適量
トマトペースト　大さじ3
パプリカパウダー　大さじ2
ローリエ　2枚
塩、こしょう　各適量

1　牛肉は4～5cm角に切って塩、こしょうをしっかりとふり、赤ワイン1½カップに2時間以上つける。にんにくはみじん切りにし、玉ねぎは薄切りにする。トマトは皮を湯むきしてざく切りにする。

2　鍋にバター20gを熱してにんにくを炒め、香りが出たらキャラウェーシードを加えて炒め、玉ねぎを入れて強めの中火で茶色になるまで炒める。

3　1の牛肉の水気を軽く拭き、小麦粉を全体にまぶし、バター20gを熱したフライパンで表面を焼きつけ、2の鍋に入れる。フライパンに、牛肉をつけておいた赤ワインと、さらに赤ワイン1カップを加えて焦げつきをこそげ落とし、2の鍋に入れる。

4　3の鍋に残りの赤ワインを加えて強火で3～4分煮つめ、トマト、トマトペースト、水1½カップを加える。パプリカパウダーとローリエを入れ（写真）、ふたをして弱火で40分ほど煮る。塩、こしょうで味を調え、最後にふたを取って少し煮つめる。

5　器にパセリライス（分量外。p.86参照）を盛り、4をかけ、パプリカパウダー（分量外）をふる。

[牛肉]で

牛すじ肉の煮込み ポトフー風

牛すじは下ゆでしておくのが、おいしさの基本。
うまみたっぷりのゆで汁を使ってあっさりと仕上げます。

材料・作りやすい分量
牛すじ肉　500g
ベーコン(かたまり)　100g
にんにく　1かけ
長ねぎ　½本
玉ねぎ　½個
セロリ　1本
にんじん　⅓本
オリーブオイル　大さじ3
黒粒こしょう　15粒くらい
タイム　2本
ローリエ　1枚
かぶ　2個
塩　適量

1 牛肉はひたひたの水とともに鍋に入れて火にかけ、アクが浮いて吹きこぼれそうになったらゆでこぼし、流水で洗い、食べやすい大きさに切る。鍋に牛肉を戻し入れ、新たに水1ℓを加えて火にかけ、沸騰したら弱火にして1時間ほどゆでる(写真)。ざるに上げ、ゆで汁もとっておく。

2 ベーコンは1cm角に切る。にんにくはつぶし、長ねぎは小口切りにする。玉ねぎ、セロリ、にんじんは1cm角に切る。

3 鍋にオリーブオイルを熱し、2、黒粒こしょう、タイム、ローリエを入れて炒め、1の牛肉を加えてさらに炒め、1のゆで汁1½カップを加えてふたをして弱火で15分ほど煮る。

4 1の残りのゆで汁を加え、再びふたをして弱火で20分ほど煮る。かぶをくし形に切って加え、さらに15分ほど煮、塩で味を調える。

5 器にバターライス(分量外。p.87参照)を盛り、4をかける。粗びき黒こしょう(分量外)をふる。

牛すね肉と大根の煮込み

やわらかくゆでたすね肉はもちろん、
すね肉のゆで汁でじっくりと煮た大根が美味です。
おいしいスープを堪能したいから、味つけは最小限。

材料・作りやすい分量

牛すね肉（骨つき）　500g
大根　1/4本
長ねぎ（細切り）　1/2本分
塩、こしょう　各適量

1. 鍋に牛肉と水5カップを入れて火にかけ、沸騰したら弱火にし、ふたをして1時間ほどゆでる。
2. 大根は皮をむいてひと口大の乱切りにする。
3. 1の鍋から牛肉を取り出し、大きめにほぐす。ゆで汁には大根を加えて再び火にかけ（写真）、弱火で30〜40分煮る。
4. 3に牛肉を戻し入れ、塩で味を調える。
5. 器にご飯（分量外）を盛り、4をかけ、長ねぎをのせてこしょうをふる。

[豚肉]で

豚肉のトマト煮

材料・2〜3人分
- 豚バラ肉（かたまり）　400g
- 白いんげん豆（乾燥）　200g
- 玉ねぎ　1個
- にんにく　1かけ
- トマト水煮缶　½缶
- オリーブオイル　大さじ2
- 白ワイン　½カップ
- 白ワインビネガー　小さじ2
- パプリカパウダー　小さじ1
- カイエンペッパー　小さじ¼
- 塩　小さじ1
- こしょう　少々

1 白いんげん豆は水4カップとともに鍋に入れてひと晩おく。塩小さじ1/2（分量外）を加えて火にかけ、沸騰したら弱火にして20〜25分ゆでる。ゆで汁ごと冷まし、ざるに上げて水気をきる（a）。

2 豚肉は1cm幅に切る。フライパンにオリーブオイル小さじ2を熱し、豚肉を入れて表面をさっと焼きつける（b）。

3 玉ねぎはみじん切りにし、にんにくはつぶす。トマト水煮はざるでこす。

4 鍋にオリーブオイル大さじ1/3を熱して玉ねぎとにんにくを炒め、2を加えて混ぜる。白ワイン、白ワインビネガーを加えて強火で煮つめ、パプリカパウダー、カイエンペッパー、トマト水煮を加える。

5 4に水1カップを加え（c）、煮立ったらさらに弱火にし、ふたをして20分ほど煮る。1を加えてさらに20分ほど煮、塩、こしょうで味を調える。

6 器にご飯（分量外）を盛り、5をかける。

マッシュルームのサラダ
→作り方はp.84

うまみの強い豚バラ肉とうまみをよく吸う白いんげん豆を取り合わせた、ボリューム感のあるひと皿。
おいしいエキスたっぷりなので、スープの素は使わず、水で煮込みます。

ポルトガル風豚肉とあさりの煮込み

材料・2〜3人分

- 豚バラ肉（かたまり）　300g
- あさり（殻つき）　250g
- にんにく　小2かけ
- 玉ねぎ　½個
- トマト　2個
- オリーブオイル　大さじ3
- パプリカパウダー　小さじ⅓
- カイエンペッパー　少々
- 白ワイン　½カップ
- 塩、こしょう　各適量

1. 豚肉は2㎝幅に切り、塩小さじ2/3、こしょう少々、オリーブオイル大さじ1をもみ込み（a）、30分ほどおく。あさりは砂出ししてから洗う。にんにくはつぶし、玉ねぎは1㎝角に切る。トマトは湯むきし、ざく切りにする。

2. 鍋にオリーブオイル大さじ2を熱し、豚肉を入れて表面を焼きつけて取り出す。

3. 2の鍋ににんにく、玉ねぎを入れて炒め、玉ねぎがしんなりしたらパプリカパウダー、カイエンペッパーを加えてさらに炒める。あさりを加えてざっと炒め、白ワインを加えてふたをし、あさりの口が開いたら取り出す（b）。

4. 3の鍋にトマトと水1¼カップを入れ、豚肉を戻し入れ、ふたをし、豚肉がやわらかくなるまで弱火で30分ほど煮る（c）。あさりを戻し入れ、塩、こしょうで味を調える。

5. 器にターメリックライス（オレンジピールのせ。分量外。p.87参照）を盛り、4をかける。

豚肉とあさりは絶妙のコンビ。
一緒に煮るとどちらもみごとにおいしくなるから不思議。
豚肉はかたまりのものを厚めに切って使い、
あさりは殻つきのものを使うのが、おいしさのコツです。

ショートサイズのスペアリブとホクホクのじゃがいもを取り合わせた
トマトソース味のイタリア風煮込み。
じゃがいもを揚げ焼きにしてから加えるのがポイント。

[豚肉]で

スペアリブとじゃがいもの煮込み

材料・2～3人分
- 豚スペアリブ（ショートサイズ） 600g
- じゃがいも 2個
- にんにく 1かけ
- 玉ねぎ 1個
- セロリ 1本
- さやいんげん 6本
- トマト水煮缶 ½缶
- 小麦粉 適量
- 白ワイン ½カップ
- オリーブオイル 適量
- 塩、こしょう 各適量

1 じゃがいもは皮をむいて乱切りにする。フライパンにオリーブオイルを多めに熱し、じゃがいもを入れ、きつね色にカリッと揚げ焼きにする（a）。

2 にんにくはつぶし、玉ねぎは薄切りにする。セロリはざっとたたいてから小口切りにする。さやいんげんは3～4等分の長さに切る。トマト水煮はざるでこす。

3 豚肉は塩、こしょう各少々をふって小麦粉をまぶす。1と別のフライパンにオリーブオイル大さじ1を熱し、豚肉を入れてしっかりと焼き色をつける（b）。

4 鍋にオリーブオイル大さじ1を熱し、にんにく、玉ねぎ、セロリを炒め、3を加える。白ワインを加えて半量くらいになるまで強火で煮つめる。

5 水1カップ、2のトマト水煮を加え（c）、ふたをしてコトコト煮立つくらいの火加減で30～40分煮込む。じゃがいもとさやいんげんを加えてさらに10分ほど煮、塩小さじ1～2、こしょう少々で味を調える。

6 器にご飯（分量外）を盛り、5をかける。

[豚肉]で

豚肉のレモンバター煮

バターの風味とレモンの香りで、やさしい食べ心地。
豚肉は軽くたたいてから焼き、
さっと煮るのがおいしさの秘訣。

材料・3人分

豚肩ロース肉（1.5cm厚さ）　3枚
小麦粉　適量
サラダ油　大さじ1
にんにく（薄切り）　1かけ分
玉ねぎ（粗みじん切り）　½個分
白ワイン　大さじ4
セージ　2～3枚
レモン果汁　大さじ2
バター　70g
塩、こしょう　各適量
ブール・マニエ＊　小さじ2
レモンの皮（細切り）　1個分

＊洋食で、とろみをつけるために用いるもの。バターと小麦粉を同量ずつ用意。バターを熱し、ふるった小麦粉を加えて炒め合わせる。保存についてはp.8参照。

1 豚肉は軽くたたいてのばし（写真）、塩、こしょう、小麦粉をまぶす。

2 フライパンにサラダ油とバター10gを熱して豚肉を入れ、両面焼いて取り出す。

3 2のフライパンにバター10gを足してにんにくを炒め、玉ねぎを加えてさらに炒め、しんなりしたら白ワインを加え、半量程度になるまで強火で煮つめる。水1/2カップとセージを加え、豚肉を戻し入れ、弱火で10分ほど煮る。

4 レモン果汁、塩、こしょう各少々を加え、フライパンを揺すりながら、バター50gを少しずつ加えてとろみをつける。とろみが足りない場合はさらにブール・マニエを加えてとろみをつける。レモンの皮を散らす。

5 器にバターライス（分量外。p.87参照）を盛ってセージ（みじん切り。分量外）をふり、4をかける。

44

豚肉のりんご巻き カレー煮込み

薄切り肉を使うから、やわらかジューシー。
レーズンやオレンジ果汁を入れた、
フルーティで軽い食べ心地のカレーレシピです。

材料・2～3人分

- 豚ロース薄切り肉　200g
- りんご（あれば紅玉）　1個
- オリーブオイル　大さじ1
- バター　20g
- しょうが（みじん切り）　1かけ分
- にんにく（みじん切り）　1かけ分
- 玉ねぎ（みじん切り）　½個分
- トマト（皮を湯むきしてざく切り）　1個分
- カレー粉　大さじ2
- シナモンパウダー　小さじ1
- 小麦粉　適量
- 塩、こしょう　各適量
- レーズン　大さじ2
- オレンジ果汁　大さじ1

1. りんごは皮つきのままくし形に切って芯を取る。豚肉は1枚ずつ広げて塩、こしょうをふり、茶こしで小麦粉を薄くふり、りんごを1切れずつ巻く（写真）、小麦粉をまぶす。

2. 鍋にオリーブオイルを熱して1をこんがりと焼き、取り出す。

3. 2の鍋にバターを足してしょうがとにんにくを炒め、玉ねぎを加えて茶色くなるまで炒める。カレー粉、シナモンパウダー、小麦粉大さじ1を加えて香りが出るまで炒め、トマトを加えてつぶしながら炒める。

4. 水2カップを加え、豚肉を戻し入れ、ふたをして弱火で20分ほど煮る。塩、こしょうで味を調え、レーズン、オレンジ果汁を加える。

5. 器にターメリックライス（オレンジピールのせ。分量外。p.87参照）を盛り、4をかける。

［豚肉］で

プチサレ（塩豚）とレンズ豆の煮込み

材料・作りやすい分量

■ 塩豚
- 豚バラ肉（かたまり）　600g
- 塩　大さじ2
- きび砂糖　大さじ2
- セージ（刻む）　3枝分
- タイム（刻む）　3枝分

- 玉ねぎ　1個
- にんにく　1かけ
- にんじん　½本
- セロリ　1本
- レンズ豆　1カップ
- オリーブオイル　大さじ2
- タイム　3〜4本
- ローリエ　1枚
- 鶏ガラスープの素　小さじ½
- 塩、こしょう　各適量

1　塩豚を作る。豚肉は半分に切り、竹串でところどころ刺し、塩、きび砂糖、セージ、タイムを混ぜ合わせてすりつける。ラップでぴったりと包み、ひと晩〜ふた晩冷蔵庫でねかす（a）。

2　1の豚肉の塩を洗い流し、水気を拭き、2cm厚さに切る（b）。

3　玉ねぎ、にんにく、にんじん、セロリはみじん切りにする。レンズ豆は洗って水気をきる。

4　鍋にオリーブオイル大さじ1を熱し、2を入れて表面を強火で焼きつけ、出てきた脂はペーパータオルで拭き取り、豚肉を取り出す。

5　4の鍋にオリーブオイル大さじ1を足し、にんにく、にんじん、玉ねぎ、セロリをしんなりするまで炒める。レンズ豆を加え（c）、豚肉を戻し入れ、タイム、ローリエ、水1½カップ、鶏ガラスープの素を加え、ふたをして弱火で30〜40分煮る。塩、こしょうで味を調える。

6　器にトマトライス（分量外。p.86参照）を盛り、5をかける。

塩豚を作って食べやすい大きさに切り、レンズ豆と一緒に煮込んだ、フランスの家庭料理。
ご飯との相性も2重丸。ここでは、我が家の定番、
丸ごとトマトを炊き込んだトマトライスを組み合わせます。

[豚肉]で

豚肉と干しあんずのシチュー

材料・作りやすい分量
豚肩ロース肉（かたまり）　800g
小麦粉　適量
にんにく　2かけ
玉ねぎ　½個
オリーブオイル　大さじ2
赤ワイン　2カップ
トマトピューレー　1カップ
フォン・ド・ボー（缶詰）　2カップ
ローリエ　1枚
デミグラスソース（缶詰）　½カップ
干しあんず　100g
塩、こしょう　各適量
砂糖　大さじ1～2

1　豚肉は4cm角に切って塩、こしょうをしっかりめにふり、小麦粉をまぶし、余分な粉ははたき落とす（**a**）。にんにくはつぶし、玉ねぎは1cm角に切る。

2　フライパンにオリーブオイル大さじ1を熱し、1の豚肉を入れて表面を強火で焼きつけ、取り出す。

3　鍋にオリーブオイル大さじ1を熱し、にんにくと玉ねぎを炒め、2の豚肉を加える。赤ワインを加え、半量くらいになるまで強火で煮つめる。

4　トマトピューレー、フォン・ド・ボー、ローリエを加え（**b**）、ふたをして弱火で約2時間煮込む。アクが出たらこまめに取り除く。

5　デミグラスソース、干しあんずを加え（**c**）、塩小さじ1、こしょう少々、砂糖を加え、さらに20分ほど煮る。

6　器にご飯（分量外）を盛り、**5**をかける。

春菊とくるみのサラダ
→作り方はp.85

赤ワイン、トマトピューレー、フォン・ド・ボー、デミグラスソースで煮込んだ、ちょっと贅沢な1品。
仕上げに干しあんずを入れるのがポイント。
ドライフルーツを加えることで奥行きのある味に仕上がります。

コールスローサラダ
→ 作り方はp.85

豚肉はやわらかくゆでて、ゆで汁ごとひと晩おき、上に固まった脂を取り除いて使います。
ゆで汁はカレールウのベースに活用。ライトな食べ心地で、飽きないおいしさです。

[豚肉]で

ポークカレー 我が家風

1 豚肉は3〜4cm角に切り、沸騰したらざるに上げる(**a**)。豚肉を鍋に戻し、水5カップを加え、セロリの葉適量とローリエ1枚(各分量外)を加え、ふたをし、豚肉がやわらかくなるまで弱火で1時間ほどゆでる。そのままひと晩おく。

2 じゃがいもは皮をむいて3〜4等分に切る。**1**の鍋の上部に固まった脂を取り除き(**b**)、じゃがいもを加えて再び火にかけ、じゃがいもがやわらかくなるまで弱火で煮る。セロリ、ローリエは除く。

3 しょうが、にんにく、にんじんはすりおろす。りんごは皮をむいて種を取り、玉ねぎは薄切りにする。トマトは皮を湯むきして種を取り、乱切りにする。

4 別鍋にバターを熱し、しょうが、にんにく、玉ねぎを入れ、玉ねぎが濃い茶色になるまで30〜40分弱めの中火で炒める。にんじんを加えて炒め、トマトを加えてつぶし、カレー粉、小麦粉を加えて炒め合わせる。

5 **4**に**2**のスープを少しずつ加えてのばし、豚肉とじゃがいもも入れ、りんごを加え(**d**)、ふたをして弱火で20分ほど煮る。塩、しょうゆ、ウスターソースで味を調え、ひと煮立ちさせて火を止める。

6 器にご飯(分量外)を盛り、**5**をかけ、ゆで卵の輪切り(分量外)を添える。

材料・作りやすい分量
豚バラ肉(かたまり) 600g
じゃがいも 2個
しょうが 2かけ
にんにく 小2かけ
にんじん 1本
りんご 小1個
玉ねぎ 1個
トマト 大1個
バター 30g
カレー粉 大さじ3
小麦粉(ふるう) 大さじ2
塩 適量
しょうゆ 小さじ1
ウスターソース 小さじ1

a

b

c

d

［豚肉］で

ルーローファン

a

b

1 豚肉は3cm角に切る。バットにつけ汁の材料を入れて混ぜ合わせ、豚肉を入れてからめ、1時間ほどおく（a）。

2 干ししいたけは水3カップにつけてもどし、軸を取って2cm角に切る。もどし汁は2カップほどとっておく。

3 にんにく、しょうがはみじん切りにする。長ねぎは粗みじん切りにする。

4 鍋にサラダ油を熱し、1の豚肉を汁気をきって入れ、強火で表面を焼きつける。にんにく、しょうが、長ねぎを加えて炒め合わせ、香りが出たら、1のつけ汁と2のしいたけのもどし汁、もどしたしいたけを加え（b）、ふたをして弱火で30分ほど煮る。

5 ふたを取ってゆで卵を加え、煮汁が少し煮つまるまでさらに20分ほど煮る。

6 器にご飯（分量外）を盛り、5をかける。ゆで卵は半分に切る。

材料・作りやすい分量

豚バラ肉（かたまり）　500g

■つけ汁
| 酒　大さじ4
| しょうゆ　大さじ4
| 砂糖　大さじ3
| 五香粉（ウーシャンフェン）　小さじ2
| 八角　2個

干ししいたけ　4枚
しいたけのもどし汁　2カップ
にんにく　2かけ
しょうが　1かけ
長ねぎ　15cm
サラダ油　大さじ2
ゆで卵　2個

52

甘辛しょうゆ味の豚肉をご飯にかけた、台湾の庶民派料理。
豚肉は五香粉や八角といった中国スパイス入りのたれで下味をつけ、そのつけ汁を加えて煮込むのが特徴。
一緒に煮た卵としいたけも美味！ 小松菜や青梗菜などの青菜をゆでて添えても。

[豚肉]で

スペアリブの豆豉(トウチ)煮

豆豉のうまみと風味がアクセント。
黒酢を仕上げに加えると、味が締まって、よりおいしい！

材料・作りやすい分量
豚スペアリブ　600g
こしょう　少々
かぶ　2〜3個
サラダ油　小さじ2
ごま油　大さじ1
にんにく（みじん切り）　1かけ分
しょうが（みじん切り）　1かけ分
豆豉（粗みじん切り）　大さじ1
長ねぎ（粗みじん切り）　1本分
赤とうがらし（ざっと刻む）　1本分
酒　大さじ1
砂糖　大さじ½
しょうゆ　大さじ2
黒酢　大さじ1

1 豚肉はしょうゆ小さじ2、こしょうを軽くもみ込む。かぶは皮をむく。

2 鍋にサラダ油を熱し、1の豚肉の表面を焼きつけ、取り出す。

3 2の鍋の油をさっと拭き取り、ごま油を足し、にんにくとしょうがを炒め、香りが出たら豆豉を加えてさらに炒める（写真）。

4 長ねぎと赤とうがらしを加え、豚肉を戻し入れ、酒、砂糖、水2カップ、残りのしょうゆ、かぶを加え、煮立ったら弱火にし、ふたをして30分ほど煮る。仕上げに黒酢を加え、ひと煮立ちさせて火を止める。

5 器にご飯（分量外）を盛り、4をかける。

スペアリブととうがんのスープ煮

スペアリブのうまみを吸ったとうがんが美味。
セロリを入れることですっきりとした味に仕上がります。

材料・作りやすい分量
豚スペアリブ
　（ショートサイズ）　400g
とうがん　500g(約¼個)
干ししいたけ　3枚
干しえび　5g
セロリ　1本
八角　1個
塩　小さじ1½
ナンプラー　少々
香菜　適量

1 とうがんは種をスプーンなどで取り除き、皮をむいて5〜6cm角に切り、面取りする。沸騰した湯に入れ、弱めの中火でゆで、ざるに上げる。

2 干ししいたけ、干しえびは水でもどし、干ししいたけは4等分に切る。セロリは薄切りにする。

3 鍋に水6カップ、豚肉、2、八角を入れて火にかけ、煮立ったら弱火にし、ふたをして40〜50分煮込む(写真)。

4 3にとうがんを加えてさらに20分ほど煮、塩、ナンプラーで味を調える。

5 器にご飯（分量外）を盛り、4をかけ、香菜を添える。

コチュジャンと粉とうがらし入りの、パンチのある味わいのピリ辛煮込みです。
骨つきの豚肉で作るのがおすすめ。
キャベツは煮るとかさが減るのでザクザクッと大きめに切って加えます。

[豚肉]で

豚肉とキャベツの韓国風煮込み

1 豚肉はたっぷりの水とともに鍋に入れて火にかけ、沸騰したらざるに上げ、さっと洗って水気をきる。

2 キャベツは大きめのざく切りにする。しょうがは薄切りにし、にんにくはつぶす。長ねぎは斜め薄切りにする。

3 鍋に1の豚肉を戻し、しょうが、にんにく、水5 1/2カップを入れて火にかけ、アクを取りながら弱火で1時間ほど煮る。

4 コチュジャン、しょうゆ、粉とうがらし、焼酎を混ぜ合わせて3に加え(a)、長ねぎ、キャベツを入れてさっと煮る。

5 みそ、塩小さじ1、ごまを小さいボウルに入れて4のスープ少々でのばし、鍋に加える(b)。塩で味を調え、仕上げにえごまの葉を加え、ひと煮立ちさせて火を止める。

6 器にご飯(分量外)を盛り、5をかけ、白すりごま(分量外)をふる。

材料・作りやすい分量

豚スペアリブ　800g
キャベツ　大1/4個
しょうが　大1かけ
にんにく　2かけ
長ねぎ　1本
コチュジャン　大さじ2
しょうゆ　大さじ3
粉とうがらし(韓国産)　大さじ4
焼酎　1/2カップ
みそ　大さじ2
塩　適量
白すりごま　大さじ2
えごまの葉　5〜6枚

「ラム肉」で

ラムとトマトの軽い煮込み

作り方はp.60

ラムのタジン風煮込み 作り方はP.61

[ラム肉]で

ラムとトマトの軽い煮込み

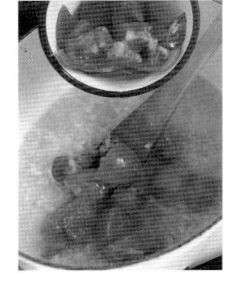

トマトのフレッシュ感とバジルの香りが身上の、
シンプルな味わいのイタリア風レシピ。
ラムは小麦粉をまぶし、多めのオリーブオイルで
揚げ焼きにしてから鍋に入れるのが、おいしさのポイントです。

材料・2〜3人分

ラムもも肉　500g
にんにく　1かけ
玉ねぎ　1/4個
セロリ　1/4本
トマト　2個
小麦粉　適量
オリーブオイル　大さじ5
白ワイン　大さじ2
顆粒スープの素（ビーフ）　小さじ1/2
塩、こしょう　各適量
バジル（葉のみ）　2枝分

1　ラムは食べやすい大きさに切り、塩小さじ1/2、こしょう適量をふる。にんにく、玉ねぎ、セロリはみじん切りにする。トマトは皮を湯むきし、ざく切りにする。

2　1のラムに小麦粉をまぶす（**a**）。フライパンにオリーブオイル大さじ2を入れ、にんにく、玉ねぎ、セロリを炒め、香りが立ったら白ワインを加えて強火で少し煮つめる。水1/2カップ、顆粒スープの素、トマトを加えて煮立て（**c**）、塩、こしょうで味を調える。

3　鍋に、2のフライパンに残っているオリーブオイル大さじ2を入れ、にんにく、玉ねぎ、セロリを炒め、香りが立ったら白ワインを加えて強火で少し煮つめる。水1/2カップ、顆粒スープの素、トマトを加えて煮立て（**c**）、塩、こしょうで味を調える。

4　3にラム肉を加えてさっと煮、バジルを加えてざっと混ぜる。

5　器にご飯（分量外）を盛り、4をかける。粗びき黒こしょう（分量外）をふり、4をかける。

ラムのタジン風煮込み

材料・2〜3人分
- ラムチョップ　6本
- レモン　1個
- にんにく　2かけ
- 玉ねぎ　1個
- なす　2本
- ズッキーニ　1本
- 小麦粉　適量
- クミンパウダー　小さじ½
- シナモンパウダー　小さじ½
- カレー粉　小さじ½
- サフラン　ひとつまみ
- 黒オリーブ　10〜12個
- オリーブオイル　大さじ4
- 塩、こしょう　各適量

1. レモンは2cm厚さに切り、塩小さじ1をふって手でもみ（a）、1時間ほどおく。にんにくはつぶし、玉ねぎは薄切りにする。なすはへたを取って縦8等分に切る。ズッキーニは2〜3等分の長さに切ってから縦8等分に切る。

2. ラムは軽く塩、こしょうをふり、小麦粉をまぶす。フライパンにオリーブオイル大さじ1を熱し、両面焼いて取り出す。

3. 鍋にオリーブオイル大さじ3を熱し、にんにく、クミンパウダー、シナモンパウダー、カレー粉、サフランを入れて炒め（b）、香りが出たら玉ねぎを加えてしっとりとするまで炒める。

4. 3になす、ズッキーニを加えてざっと混ぜ、水¾カップ、黒オリーブ、1のレモン、2のラムを加え（c）、ふたをして弱火で20分ほど蒸し煮にする。塩、こしょうで味を調える。

5. 器にクスクス（分量外。p.87参照）を盛り、4をかける。

ラムとたっぷりの野菜を組み合わせた、モロッコのタジンレシピ。
スパイスと塩でもんだレモンを入れるのが特徴です。
少ない水分で蒸し煮にするので、素材のおいしさを逃すことなく
ジューシーに仕上がります。

[ひき肉]で

トマトファルシの煮込み

作り方は p.64

ミートボールシチュー

作り方は p.65

煮込みハンバーグ

作り方は p.65

［ひき肉］で

トマトファルシの煮込み

ひき肉だねをたっぷりと詰めたトマトを
水とトマトであっさりと煮込みます。
ひき肉は、半量は炒め、半量は生のまま詰め物に。
こうするとひき肉のうまみとやわらかさ、両方が味わえます。

1 ひき肉だねを作る。ハム、玉ねぎ、にんにくはみじん切りにする。

2 パン粉は水大さじ2でふやかし、水気を絞る。

3 フライパンにオリーブオイルを熱して1を炒め、半量のひき肉を加えて炒める。バットに広げて粗熱を取る。ボウルに移し、残りのひき肉と2を加え（a）、塩、こしょう、ナツメッグ、パセリ、セルフイユを加えて混ぜる。

4 トマトは上部分1/4を切り取り、中をくりぬく。切り取った部分とくりぬいた部分は粗みじん切りにしておく。

5 トマトの中に3のひき肉だねを山盛り詰め、鍋に並べ（b）、4の粗みじん切りにしたトマト、水1/4カップを加え、パン粉を散らす。ふたをして弱火で15～20分煮る。仕上げにオリーブオイルを回しかけ、パセリ、セルフイユを散らす。

6 器にご飯（分量外）を盛り、トマトファルシを置いてスープをかける。

材料・2～3人分

■ ひき肉だね
　豚ひき肉　150g
　ハム（薄切り）　3枚
　玉ねぎ　1/2個
　にんにく　1かけ
　パン粉　大さじ2
　オリーブオイル　大さじ1
　塩　小さじ2/3
　こしょう　少々
　ナツメッグ　少々
　パセリ（みじん切り）　大さじ1
　セルフイユ（みじん切り）　大さじ1
トマト　小4個
パン粉　大さじ2
オリーブオイル　大さじ3
パセリ（みじん切り）　大さじ1
セルフイユ（みじん切り）　大さじ1

ミートボールシチュー

ひき肉だねにクミンシードやミントを入れたちょっぴりメキシカンな味わい。ご飯によく合います。

材料・2〜3人分
- ■ひき肉だね
  - 合いびき肉　500g
  - 玉ねぎ（みじん切り）　½個分
  - ミント（みじん切り）　1束分
  - クミンシード（すりつぶす）　小さじ½
  - パン粉　大さじ3
  - 卵　1個
  - 塩、こしょう　各少々
- 玉ねぎ　½個
- にんにく　1かけ
- ピーマン　1個
- なす　1本
- オリーブオイル　大さじ2
- トマト水煮缶　½缶
- 鶏ガラスープの素　小さじ½
- 塩、こしょう　各適量
- 香菜、ミント（各みじん切り）　各適量
- ハラペーニョの酢漬け（みじん切り。あれば）　1本分

作り方
1. ひき肉だねを作る。ボウルにすべての材料を入れ、手でよく練り混ぜる。大きめのひと口大に丸める。
2. 玉ねぎ、にんにく、ピーマンはみじん切りにし、なすは1cm角に切る。
3. 鍋にオリーブオイルを熱して玉ねぎとにんにくを炒め、ピーマンとなすを加えてさらに炒め、トマト水煮をつぶしながら加えて強火で煮つめる。
4. 水2カップと鶏ガラスープの素を加え、1を入れ、ふたをして弱火で20分ほど煮る。塩、こしょうで味を調え、香菜、ミント、あればハラペーニョの酢漬けを加える。
5. 器にオリーブライス（分量外。p.87参照）を盛り、4をかけ、ミント（分量外）を飾る。

煮込みハンバーグ

玉ねぎ、赤ワイン、トマトジュースをベースに作る煮込みソースが美味。味わい、本格派！

材料・作りやすい分量
- ■ひき肉だね
  - 牛ひき肉　600g
  - 玉ねぎ（みじん切り）　小1個分
  - サラダ油　小さじ2
  - 生パン粉　1カップ
  - 卵　1個
  - ナツメッグ　小さじ¼
  - 塩　小さじ⅔
  - こしょう　少々
- サラダ油　大さじ2
- 玉ねぎ（みじん切り）　小1個分
- 赤ワイン　¼カップ
- 顆粒スープの素（ビーフ）　小さじ½
- トマトジュース　1カップ
- トマトケチャップ　大さじ3
- ウスターソース　小さじ1
- 塩、こしょう　各適量
- バター　20〜30g
- ブランデー（あれば）　少々
- パセリ（みじん切り）　少々

作り方
1. ひき肉だねを作る。玉ねぎはサラダ油でしっとりとするまで炒め、冷ます。ボウルにすべての材料を入れ、手でよく練り混ぜる。4等分にして形を整える。
2. 鍋にサラダ油大さじ1を熱し、1の真ん中を少しくぼませて並べ入れ、両面しっかりと焼き色をつけ取り出す。
3. 2の鍋を洗わずにサラダ油大さじ1を足し、玉ねぎを入れてしっかりと色づくまで炒め、赤ワインを加えて強火で煮つめる。水1カップ、顆粒スープの素、トマトジュース、トマトケチャップ、ウスターソースを加えてひと煮立ちさせる。
4. 3に2を戻し入れ、ふたをして弱火で10分ほど煮る。塩、こしょうで味を調え、バターを小さく切って加える。あればブランデーをふる。
5. 器にご飯（分量外）を盛り、ハンバーグをのせ、ソースをかけてパセリをふる。ゆでたさやいんげん（分量外）を食べやすく切って添える。

カリフラワーのピクルス
　→作り方はp.85

[ひき肉]で

キーマカレー
　作り方はp.68

ドライカレー

作り方は p.69

ひき肉のヴェトナム風トマト煮

作り方は p.69

[ひき肉]で

キーマカレー

ひき肉とグリーンピースが主役のインド風カレー。
香味野菜とひき肉をじっくりと炒め、
ヨーグルトを加えてコクとまろやかさを出すのがポイント。
ひき肉は、鶏ひき肉を使っても。

材料・作りやすい分量

豚ひき肉　500g
グリーンピース(冷凍)　250g
玉ねぎ　2個
にんにく　2かけ
しょうが　1かけ
青とうがらし＊　5本
サラダ油　大さじ3
ローリエ　2枚
トマトピューレー　大さじ3

■ パウダースパイス
｜ターメリック　小さじ½
｜チリパウダー　小さじ½
｜クミンパウダー　小さじ½
｜カレー粉　大さじ1

プレーンヨーグルト　大さじ4
塩　小さじ2
粗びき黒こしょう　適量
香菜(刻む)　1束分

＊なければ赤とうがらし2〜3本と、ししとう3〜4本で代用。

1 玉ねぎはざく切りにし、にんにく、しょうが、青とうがらしは半分に切る。フードプロセッサーに入れて攪拌し(a)、ごく細かいみじん切りにする(b)。

2 鍋にサラダ油を熱し、1とローリエを入れて5分ほどかけてじっくりと炒め、ひき肉を加えてパラパラになるまでよく炒める。トマトピューレーを加え、弱火にして5分ほど煮て味をなじませる。

3 2にパウダースパイスを加えて炒め合わせ、ヨーグルト、塩、こしょうを加えて混ぜる(c)。

4 水1カップとグリーンピースを加え、ふたをして弱火で20分ほど煮る。仕上げに香菜を加えてざっと混ぜる。

5 器にココナッツライス(分量外。p.87参照)を盛り、4をかける。

ドライカレー

カレー粉とトマトジュースをベースに煮込んだちょっぴり懐かしの洋食レシピ。
刻んだゆで卵をのせるのが、坂田風です。

材料・作りやすい分量
合いびき肉　300g
にんにく　1かけ
しょうが　大1かけ
玉ねぎ　1個
にんじん　1/3本
ピーマン　2個
サラダ油　大さじ2
カレー粉　大さじ4
トマトペースト　大さじ1
トマトジュース　1カップ
トマトケチャップ　大さじ3
塩　小さじ2
こしょう　少々
砂糖　小さじ1
レーズン（ぬるま湯でもどす）
　1/2カップ
ゆで卵（みじん切り）　1個分
パセリ（みじん切り）　少々

1　にんにく、しょうが、玉ねぎ、にんじん、ピーマンはみじん切りにする。

2　鍋にサラダ油を熱してにんにくとしょうがを炒め、香りが出たら玉ねぎを加えて茶色に色づくまで炒め、にんじんとピーマンを加えてさらに炒める。ひき肉を加えて炒め合わせる。

3　2にカレー粉を加えてなじませ、トマトペースト、トマトジュース、トマトケチャップを加え、弱めの中火で10分ほど煮る。塩、こしょう、砂糖で味を調え、レーズンを加えて混ぜる。

4　器にご飯（分量外）を盛り、3をかけ、ゆで卵をのせてパセリをふる。

ひき肉のヴェトナム風トマト煮

豚肉にトマトとなすを取り合わせた、あっさりとした1品。
ナンプラーの風味、バジルの香りがアクセントです。

材料・作りやすい分量
豚ひき肉（粗びき）＊　300g
にんにく　1かけ
しょうが　1かけ
トマト　3個
なす　2本
サラダ油　大さじ4
ナンプラー　小さじ2
しょうゆ　少々
塩、こしょう　各適量
バジル（葉のみ）　1束分
＊豚薄切り肉を包丁で細かくたたく。

1　にんにく、しょうがはみじん切りにする。トマトはざく切りにし、なすは縦長の乱切りにする。

2　鍋にサラダ油を熱してにんにくとしょうがを炒め、香りが出たら豚肉を加えて強火で炒める。なすを加えてしっとりとするまで炒め合わせる。

3　トマトを加えて中火で3〜4分煮、ナンプラー、しょうゆ、塩、こしょうで味を調える。仕上げにバジルを加えてざっと混ぜる。

4　器にご飯（分量外）を盛り、3をかける。

[ソーセージ]で

ソーセージと豆の煮込み　作り方はp.72

ソーセージと野菜のスープ煮

作り方はp.73

野菜とソーセージのクスクス

作り方はp.73

［ソーセージ］で

ソーセージと豆の煮込み

材料・作りやすい分量
ソーセージ(太めのもの) 6～8本
ベーコン(かたまり) 100g
豚バラ肉(かたまり) 200g
赤いんげん豆水煮(缶詰) 300g
玉ねぎ ½個
にんにく 1かけ
ピーマン 2個
トマト 2個
オリーブオイル 大さじ4
ローリエ 1枚
塩、こしょう 各適量

1 ベーコンは2cm幅に切る。豚肉は半分に切り、塩大さじ1をすり込んで少しおき、2cm幅に切る。赤いんげん豆は水気をきる。

2 玉ねぎ、にんにく、ピーマンはみじん切りにする。トマトは皮を湯むきしてざく切りにする。

3 鍋にオリーブオイルを熱してにんにくを炒め、香りが出たら玉ねぎ、ピーマンを加えてしんなりとするまで炒める。

4 トマト、1の豚肉、赤いんげん豆、ソーセージを加え(a)、水1カップとローリエを入れ、沸騰したら弱火にし、ふたをして40分ほど煮る。

5 ベーコンはフライパンでカリカリになるまで炒め(b)、4に加えてひと煮立ちさせる。塩、こしょうで味を調える。

6 器にご飯(分量外)を盛り、5をかける。

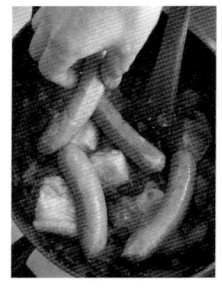

ソーセージのほかベーコンと豚肉も入れ、
肉のうまみたっぷりに仕上げます。肉のうまみを吸った豆もおいしく、
思いのほか飽きずにたくさん食べられます。

a

b

ソーセージと野菜のスープ煮

香味野菜とセージの香りがさわやかな
あっさりとした食べ心地のスープ煮を、
ご飯にかけてさらっといただきます。

材料・作りやすい分量

ソーセージ(生タイプ) 8本
にんにく 2かけ
玉ねぎ 1個
セロリ 1本
にんじん 1本
長ねぎ 1本
鶏ガラスープの素 小さじ1/2
オリーブオイル 大さじ2
セージ 2枝
塩 小さじ1/2〜2/3
こしょう 少々
仕上げ用オリーブオイル 適量

1. ソーセージは2cm幅の輪切りにする。にんにく、玉ねぎ、セロリ、にんじんはみじん切りにする。長ねぎは小口切りにする。
2. 鍋にオリーブオイルを熱してにんにくを炒め、玉ねぎ、セロリ、にんじん、長ねぎを加えてしんなりするまで炒める。水1/4カップを加え、ふたをして弱火で10分煮る。
3. 2にソーセージ、水3/4カップ、鶏ガラスープの素を加え、さらに15〜20分煮、セージをみじん切りにして加え、塩、こしょうで味を調える。仕上げにオリーブオイルを回しかける。
4. 器にご飯(分量外)を盛り、3をかける。

野菜とソーセージのクスクス

数種類の野菜とひよこ豆を煮込んだ
ヘルシーでスパイシーなクスクス。
焼いたソーセージ2種をのせて完成です。

材料・作りやすい分量

ソーセージ(チョリソ、
　メルゲーゼなど好みのもの) 8本
にんじん 1本
かぶ 3個
ズッキーニ 1本
かぼちゃ 1/8個
玉ねぎ 1個
トマト 2個
ひよこ豆水煮(缶詰) 250g
にんにく(みじん切り) 2かけ分
しょうが(みじん切り) 1かけ分
■パウダースパイス
クミンパウダー 大さじ1
カイエンペッパー 少々
パプリカパウダー 小さじ1/2
ターメリック 小さじ1
粗びき黒こしょう 小さじ1
香菜(刻む) 1束分
トマトペースト 大さじ2
塩 小さじ1 1/2〜2
オリーブオイル 適量

1. にんじんは長さを半分にして縦6等分に切り、かぶは皮つきのまま四つ割りにする。ズッキーニは長さを2〜3等分にして縦4等分に切り、かぼちゃは大きめのひと口大に切る。玉ねぎは薄切り、トマトは皮を湯むきしてざく切りにする。ひよこ豆は水気をきる。
2. 鍋にオリーブオイル大さじ4を熱してにんにくとしょうがを炒め、パウダースパイス、こしょう、香菜、トマトペーストを加えてよく炒め、水4〜5カップを注ぎ入れる。玉ねぎ、トマト、ひよこ豆、にんじんを加え、ふたをして弱火で10分ほど煮る。
3. 残りの野菜を加え、さらに25〜30分煮、塩で味を調える。
4. ソーセージはオリーブオイル少々を熱したフライパンで焼く。
5. 器にクスクス(分量外。p.87参照)を盛り、3をかけてソーセージをのせる。

［魚介］で

シーフードカレー
作り方はp.76

白身魚と野菜のサフランクリーム煮

作り方はp.77

[魚介]で

シーフードカレー

材料・作りやすい分量

えび(無頭、殻つき) 200g
帆立貝柱 100g
あさり(殻つき) 300g
玉ねぎ 1個
セロリ 1本
しょうが 1かけ
にんにく 3かけ
トマト 2個
バター 30g

■ パウダースパイス
│ カレー粉 大さじ3
│ クミンパウダー 小さじ½
│ カイエンペッパー 小さじ½
│ ターメリック 大さじ1
│ カルダモンパウダー 小さじ2
シナモンスティック 1本
ココナッツミルク 1カップ
オリーブオイル 少々
塩 適量
レモンの皮(ごく細切り) 1個分

えび、あさり、帆立貝柱……、海の幸を数種類使い、
それぞれのうまみが溶け合ったおいしさを味わいます。
トマトとココナッツミルクでコクを出し、
レモンの皮で香りをプラスすると同時に味を引き締めます。

1 えびは尾を残して殻をむき、背を開いて背わたを取る。貝柱は半分の厚さに切る。あさりは塩水につけて砂抜きし、水1/2カップとともに鍋に入れて火にかけ、口が開いたらざるにあけ、蒸し汁もとっておく。

2 玉ねぎ、セロリ、しょうが、にんにくはみじん切りにする。トマトは皮を湯むきしてざく切りにする。

3 鍋にバターを熱してしょうがとにんにくを炒め、玉ねぎとセロリを加えてさらに炒め、パウダースパイスとシナモンスティックを加えてよく炒める(a)。トマトを加えてつぶしながら炒め、1のあさりの蒸し汁を入れ(b)、弱火で10分ほど煮る。

4 ココナッツミルクを加えてひと煮立ちさせる(c)。

5 フライパンにオリーブオイルを熱して貝柱とえびを炒め、4に加えてさっと煮(d)、あさりも入れ、塩で味を調える。

6 器にココナッツライス(分量外。p.87参照)を盛り、5をかけ、残りのレモンの皮を散らす。

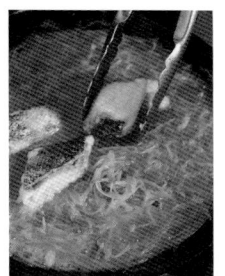

白身魚と野菜のサフランクリーム煮

1. たらは3等分に切って軽く塩、こしょうをふり、小麦粉を薄くまぶす。長ねぎ、セロリ、にんじんはせん切りにし、トマトは皮を湯むきして2cm角に切る。
2. フライパンにオリーブオイルを熱し、たらを入れ、両面こんがりと焼き(a)、取り出す。
3. 2のフライパンにバターを足し、長ねぎ、セロリ、にんじんを入れて炒め、サフラン、白ワインを加え(b)、フライパンの焦げつきをこそげながら強火で煮つめる。
4. 3にトマトと水2カップを加えて煮立て、たらを戻し入れる(c)。生クリームを加えてさっと煮、ブール・マニエで軽くとろみをつけ、塩で味を調える。
5. 器にターメリックライス(分量外。オレンジピールのせ。p.87参照)を盛り、4をかけ、セルフイユをたっぷりと添える。

淡泊な白身魚とせん切り野菜を組み合わせた、
色と香りと口当りのよい
フレンチスタイルのひと皿です。
たらは両面こんがりと焼くのがポイント。

材料・作りやすい分量

生たら 4切れ
小麦粉 適量
長ねぎ ½本
セロリ ½本
にんじん ½本
トマト 1個
オリーブオイル 大さじ2
バター 20g
サフラン ひとつまみ
白ワイン ¼カップ
生クリーム 70ml
ブール・マニエ* 大さじ1
塩、こしょう 各適量
セルフイユ(葉のみ) 適量

*洋食で、とろみをつけるために用いるもの。バターと小麦粉を同量ずつ用意。バターを熱し、ふるった小麦粉を加えて炒め合わせる。保存についてはp.8参照。

[魚介]で

さばとじゃがいものレモン煮

作り方は p.80

78

いかのサフラントマト煮

作り方はp.81

たことセロリのラグー

作り方はp.81

［魚介］で

さばとじゃがいものレモン煮

水、塩、レモンだけで煮るから、とってもシンプル。
さばとじゃがいも、それぞれのおいしさが
ストレートに楽しめます。
相性のよいディルをたっぷりとのせていただきます。

1 さばは1枚を4等分に切り、軽く塩、こしょうをふり、小麦粉をまぶす。じゃがいもは皮をむいて4〜6等分に切る。玉ねぎは薄切りにし、セロリ、にんじんは細切りにする。にんにくはつぶす。

2 フライパンにオリーブオイル大さじ3を熱し、にんにく、じゃがいもを入れ、全体にこんがりと焼き色がつくまで揚げ焼きにし（**a**）、取り出す。

3 2のフライパンにさばを皮目を下にして並べ入れ、焼き色がついたら裏返し（**b**）、両面こんがりと焼いて取り出す。

4 鍋にオリーブオイル大さじ1を熱し、玉ねぎ、セロリ、にんじんを入れてしんなりするまで炒め、2のじゃがいもとにんにくを加えて水2カップを注ぎ入れる。塩小さじ1、レモンの輪切りを加えてふたをし（**c**）、弱火で10分ほど蒸し煮にする。

5 さばを加えてさらに5分ほど煮る。

6 器にご飯（分量外）を盛り、5をかけ、ディルをたっぷりとのせる。

a

b

c

材料・作りやすい分量
さば（三枚おろし）　2枚
小麦粉　適量
じゃがいも（メークイン）　3個
玉ねぎ　½個
セロリ　½本
にんじん　¼本
にんにく　1かけ
オリーブオイル　大さじ4
レモン（1cm厚さの輪切り）　1個分
塩、こしょう　各適量
ディル（ざく切り）　1〜2束分

いかのサフラントマト煮

いかはうまみが強いから、さっと煮るだけで充分。ここでは小さくてやわらかい"ひいか"を使いましたが、小やりいかでも。飽きないおいしさです。

材料・作りやすい分量

いか（小さめのもの） 8〜10ぱい
にんにく 1かけ
玉ねぎ ¼個
トマト 2個
オリーブオイル 適量
サフラン ひとつまみ
白ワイン ¼カップ
塩 小さじ½
イタリアンパセリ（みじん切り） 1束分

1 いかは胴から足を抜いて内臓と軟骨を取り除き、胴は2cm幅の輪切りにし、足は食べやすい長さに切る。にんにく、玉ねぎはみじん切りにする。トマトは皮を湯むきして2cm角に切る。

2 フライパンにオリーブオイル大さじ3とにんにくを入れて火にかけ、にんにくがきつね色になるまでゆっくりと炒め、玉ねぎを加えてしんなりとするまで炒め、サフランを加えてさらに炒める。

3 白ワインを加えて強火で煮つめ、トマト、いかを加えてさっと炒め、水½カップを加えて中火で3〜4分煮、塩で味を調える。

4 イタリアンパセリを加える。

5 器にサフランライス（分量外。p.86参照）を盛り、4をかける。オリーブオイル少々を回しかける。

たことセロリのラグー

細かく切ったたこをセロリ、ミニトマトとともに煮込みます。この煮汁がなんともいえずおいしく、ご飯によく合います。

材料・作りやすい分量

ゆでだこ 200g
セロリ ½本
ミニトマト 20個
にんにく 1かけ
玉ねぎ ¼個
オリーブオイル 大さじ3
白ワイン 大さじ2
塩 小さじ½
イタリアンパセリ（みじん切り） 1束分

1 たこは粗みじん切りにする。セロリ、にんにく、玉ねぎはみじん切りにする。ミニトマトはへたを取る。

2 フライパンにオリーブオイルとにんにくを入れて火にかけ、にんにくがきつね色になるまで弱火でゆっくりと炒める。

3 セロリ、玉ねぎを加えて炒め、たこを加えて炒め合わせ、白ワインを加えて強火で煮つめる。

4 ミニトマトを加えて中火で4〜5分煮、塩で味を調える。イタリアンパセリを加えて混ぜる。

5 器にご飯（分量外）を盛り、4をかける。

サイドメニューに
おすすめのサラダ

きゅうりのヨーグルトサラダ

ルッコラとオレンジのサラダ

ミモザサラダ

マッシュルームのサラダ

煮込み料理をご飯にかけたひと皿があれば、
それだけで充分に昼食や夕食になるけれど、ちょっと口直しに欲しいのがサラダ。
みずみずしくってシャキッとフレッシュ、そんなサラダが煮込み料理にはよく合います。

――作り方はすべてp.84－85

トマトサラダ

春菊とくるみのサラダ

カリフラワーのピクルス

コールスローサラダ

ルッコラとオレンジのサラダ

香りのよいルッコラとジューシーなオレンジを取り合わせた、フレッシュ感たっぷりのサラダ。ルッコラの代わりにベビーリーフなどでも。

1. ルッコラ1束は葉をつまみ、水に放してシャキッとさせ、しっかりと水気をきる。オレンジ1個は皮をむき、乱切りにする。
2. ボウルに**1**を入れ、オリーブオイル大さじ2、塩小さじ1/2、こしょう少々を加えてさっと混ぜ、赤ワインビネガー小さじ1/2を加えてざっと混ぜる。

きゅうりのヨーグルトサラダ

ヨーグルトとレモン果汁で仕上げたすっきりとした味わいのシャキシャキサラダ。ピリ辛味の煮込み料理によく合います。

1. きゅうり2〜3本はピーラーなどで縦に縞目に皮をむき、6〜7mm幅に切る。
2. ボウルにプレーンヨーグルト大さじ4、オリーブオイル小さじ1、塩小さじ1/2、レモン果汁少々を混ぜ合わせ、**1**を加えてあえる。

マッシュルームのサラダ

パセリ入りのドレッシングであえたシンプルサラダ。作ってすぐはもちろん、冷蔵庫に入れてマリネしてもおいしい。

1. マッシュルーム7〜8個は石づきを取り、汚れがあれば刷毛などで落とし、2〜3mm厚さに切る。
2. ボウルに**1**を入れ、玉ねぎのみじん切り1/4個分、レモン果汁小さじ2、塩小さじ1/2、こしょう少々を加えてさっと混ぜ、オリーブオイル大さじ3、パセリのみじん切り大さじ2を加えて混ぜ合わせる。

ミモザサラダ

卵の黄身がミモザのように見えることから名づけられたサラダ。レタスは大きめに切るのがポイント。煮込み料理に添えると、華やかに。

1. レタス3〜4枚は大きめにちぎって冷水にさらし、水気をきる。ゆで卵1個は白身と黄身に分け、別々に裏ごしする。
2. ドレッシングを作る。ボウルににんにくのすりおろし少々、フレンチマスタード小さじ1、赤ワインビネガー小さじ2、塩小さじ1/2、こしょう少々を入れてよく混ぜ、オリーブオイル大さじ3を少しずつ加え、とろりと乳化するまで混ぜる。
3. **2**のボウルにレタスを入れてあえ、器に盛り、ゆで卵の白身と黄身を散らす。

※材料はそれぞれ作りやすい分量です。

春菊とくるみのサラダ

生のやわらかい春菊、ローストしたくるみを使った香りのよいサラダ。隠し味にしょうゆを加えたドレッシングがポイント。松の実を入れても。

1 春菊1束は葉先をつまみ、水に放してシャキッとさせ、しっかりと水気をきる。くるみ30gはオーブントースターで軽くローストし、粗く刻む。

2 ボウルに春菊を入れ、オリーブオイル大さじ2、塩小さじ1/3、こしょう少々、しょうゆ少々、赤ワインビネガー小さじ1の順に加えてざっくりと混ぜ合わせ、くるみを加えて混ぜる。

コールスローサラダ

キャベツのおいしさが引き立つ、スタンダードなドレッシング仕上げ。作って少しおいて味がなじんだころが美味。

1 キャベツ1/2個、にんじん1/4本は細切りにする。玉ねぎ1/4個は繊維に沿って薄切りにし、水にさらして水気をきる。

2 ボウルに1を入れ、塩小さじ1/2を加えて混ぜ、重し(水を入れたボウルなど)をして15分ほどおく。

3 2の水気を絞り、酢大さじ2、砂糖大さじ2、塩小さじ2/3、グレープシードオイル(またはオリーブオイルかサラダ油)大さじ2、こしょう少々を加えて混ぜ合わせる。

トマトサラダ

冷蔵庫で冷やしたトマトと玉ねぎ、とろりと乳化させたドレッシングの組合せが絶妙。こっくりとした煮込み料理によく合います。

1 ドレッシングを作る。ボウルにフレンチマスタード小さじ2、塩小さじ1/2、こしょう少々、赤ワインビネガー大さじ1を入れてよく混ぜる。オリーブオイル大さじ4を少しずつ加え、とろりと乳化するまで混ぜる。

2 トマト2個は横に1cm幅の輪切りにする。

3 器にトマトを盛り、玉ねぎのみじん切り1/4個分を散らし、ドレッシングをかけてパセリのみじん切り大さじ1を散らす。

カリフラワーのピクルス

甘酸っぱいピクルスは、カレーなどのつけ合せにぴったり。カリフラワーはカリッとした食感が残る程度にゆでるのがポイント。

1 カリフラワー1/2個は小房に分け、塩適量を入れた熱湯でさっとゆでる。水気をきってボウルに入れる。

2 鍋にアップルビネガー1/2カップ、水3/4カップ、赤とうがらし1本、マスタードシード小さじ1、コリアンダーシード小さじ1、白粒こしょう6粒、砂糖大さじ2、塩小さじ2を入れて火にかけ、沸騰したら1のボウルに加え、冷蔵庫で1日漬ける。

この本で使った ご飯いろいろ

煮込み料理には白いご飯が基本ですが、ひと手間加えた洋風ご飯も、目先が変わって楽しいもの。煮込み料理のおいしさが際立ちます。

パセリライス
1 炊きたてのご飯2合分にバター大さじ2、塩少々、パセリのみじん切り大さじ2を加えて混ぜる。

にんじんライス
1 にんじん小1本はすりおろす。
2 フライパンにバター大さじ2を熱して**1**を入れ、パラパラになるまで炒め、ご飯茶碗3杯分を加えてほぐすように炒め合わせる。塩少々で味を調える。

レーズンナッツライス
1 カシューナッツ（ローストしたもの）大さじ4は粗く刻む。
2 フライパンにバター大さじ2を熱して**1**を炒め、ご飯茶碗2杯分を加えて炒め合わせる。塩少々、レーズン大さじ2を混ぜる。

サフランライス
1 鍋に洗った米2合分、水360㎖、サフランひとつまみ、塩少々を入れて火にかけ、沸騰したら弱火にして12分炊き、火を止めて10分蒸らす。
2 バター大さじ2を混ぜる。

トマトライス
1 鍋に洗った米2合分、チキンスープ（鶏ガラスープの素小さじ½を湯360㎖で溶く）、塩小さじ¼を入れ、真ん中にへたを取ったトマト小1個を置く。
2 火にかけ、沸騰したら弱火にして12分炊き、火を止めて10分蒸らし、粗びき黒こしょう少々をふる。オリーブオイル少々を回しかけ、全体に混ぜる。

※材料はそれぞれ作りやすい分量です。

バターライス

1 鍋にバター大さじ2を熱して玉ねぎのみじん切り¼個分を炒め、洗った米2合分を加えて少し透明になるまで炒める。

2 チキンスープ（鶏ガラスープの素小さじ½を湯2カップで溶く）、ローリエ1枚、塩少々を加え、沸騰したら弱火にして12分炊き、火を止めて10分蒸らす。

ターメリックライス

1 鍋に洗った米2合分、水360㎖、ターメリック小さじ⅓、塩少々を入れて混ぜ、火にかけ、沸騰したら弱火で12分炊き、火を止めて10分蒸らす。

2 バター大さじ1を混ぜ、オレンジピール（オレンジの皮のせん切り）1個分を散らす。

オリーブライス

1 グリーンオリーブ（種抜き）60gは包丁でつぶしてから粗く刻む。

2 フライパンにオリーブオイル大さじ2を熱して**1**をさっと炒め、ご飯茶碗2杯分を加えて炒め合わせ、塩少々で味を調える。

クスクス

1 クスクス（乾燥）1カップをボウルに入れ、熱湯1カップを注ぐ。ラップなどをかけてそのまま10分ほど蒸らす。

2 バター大さじ1を混ぜる。

ココナッツライス

1 鍋に洗った米2合分を入れ、ココナッツミルク50㎖と水350㎖を混ぜたものを加え、塩少々を入れて火にかけ、沸騰したら弱火にして12分炊き、火を止めて10分蒸らす。

2 盛りつける直前にココナッツロング（ローストしたもの）大さじ4をふる。

坂田阿希子

さかた・あきこ

料理家。料理研究家のアシスタント、フランス菓子店やフランス料理店での経験を重ねる。現在、料理教室「studio SPOON」を主宰し、国内外を問わず、常に新しいおいしさを模索。プロの手法を取り入れた家庭料理の数々は、どれも本格的な味わい。著書に『カレーが食べたくなったら』、『このひと皿でパーフェクト、パワーサラダ』（ともに文化出版局）など多数。

アートディレクション ── 昭原修三
デザイン ── 植田光子（昭原デザインオフィス）
撮影 ── 木村拓（東京料理写真）
スタイリング ── 久保原惠理
校閲 ── 山脇節子
編集 ── 松原京子・浅井香織（文化出版局）

煮込み料理をご飯にかけて
作りおきして安心。ひと皿で大満足。

2014年10月19日　第1刷発行
2018年11月2日　第3刷発行

著　者　坂田阿希子
発行者　大沼 淳
発行所　学校法人文化学園　文化出版局
　　　　〒151-8524　東京都渋谷区代々木3-22-1
　　　　電話　03-3299-2565（編集）
　　　　　　　03-3299-2540（営業）
印刷・製本所　凸版印刷株式会社

©Akiko Sakata 2014 Printed in Japan
本書の写真、カット及び内容の無断転載を禁じます。

本書のコピー、スキャン、デジタル化等の無断複製は
著作権法上での例外を除き、禁じられています。
本書を代行業者等の第三者に依頼してスキャンやデジタル化することは、
たとえ個人や家庭内での利用でも著作権法違反になります。

文化出版局のホームページ　http://books.bunka.ac.jp/